AF311484

AL LETTORE.

Fra i tanti Metodi per Canto fin qui publicati non se ne riscontra alcuno cui possa completamente servire a tutte le persone che si accingono a tale studio. Quelli di grosso volume racchiudono molta parte d'inutile perchè non applicabile alla specie di voce dell' apprendente e quelli di piccolo volume diffettano dell' essenziale. Mancava quindi un libro che si attenesse alla via di mezzo e che servisse ad ogni specie di voce. Ecco perchè si venne alla compilazione di questo *Breve Metodo pratico di Canto* il quale potrà servire come d'iniziativa alla scuola dei grandi solfeggi o vocalizzi. Desso è applicabile a tutte e quattro le specie di voci essendo scritto in chiave di Violino ed in un estensione media, non oltrepassando quella di un ottava e mezzo; è diviso in tre parti, la prima delle quali contiene le Scale, i Salti, diversi esercizi per rendere la voce agile, la cognizione degli abbellimenti ed otto piccoli Solfeggi che preparano l'allievo a sostenere la fatica delle frasi e dei periodi, la seconda parte è composta di sedici Solfeggi progressivi e la terza di sei Duetti da cantarsi da due Soprani, da Soprano e Contralto, da Soprano e Tenore o Baritono, da due Tenori da Tenore e Basso && Tanto negli Esercizi come nei Solfeggi e Duetti si ebbe cura di far signoreggiare la Melodio. Per servire alla generalità le respirazioni vennero segnate corte e quindi il maestro potrà diminuir le o variar le quando il trovasse opportuno. Si sono omessi i principi elementari di musica avendo supposto l'allievo già instrutto di questi ed iniziato nel metodo per la Divisione. (a)

(a) Tanto i principj elementari di musica che il Metodo per la Divisione addottati dall' I. R. Conservatorio di Musica in Milano sono pubblicati e vendibili dall' Editore S. RICHAULT.

Imp.ie Langlet,18,rue Cadet.

AVVERTENZA.

Per intraprendere la lettura della Prima Parte di questo Metodo è necessario che l'allievo conosca i Principj elementari di musica e principalmente le lezioni risguardanti il valore delle note e delle pause, il tempo ordinario, l'effetto del punto e della sincope; per la Seconda Parte deve possedere la cognizione di tutti i tempi di tutti i tuoni e dei gruppi di note sovrabbondanti in valore; e può serbarsi alla Terza Parte l'apprendere tutto quanto si riferisce alla legatura, agli abbellimenti & &.

La Divisione consiste nel pronunciare il nome di ciascheduna nota nell'egual modo come si avesse a leggere le parole, colla differenza che la voce dev'essere tenuta per la durata di tempo espressa dalla figura della nota medesima, e se questa esprime un valore maggiore di un quarto si ripete la vocale, tenendola legata, tante volte quanti sono i quarti di durata. A facilitare il movimento della lingua nei gruppi di due, tre, quattro o più note, si pronunziano i diversi nomi legandoli come si avesse a leggere una parola sola composta di più sillabe, avvertendo di dare maggior inflessione al nome delle note di tempo forte.

In quanto alle pause od aspetti: alla figura di un quarto, vien contapposto la parola *uno*, a quella di due quarti *uno*, *due*, e così di seguito cominciando coll'*uno* ogni qualvolta la pausa viene interrotta da una nota o accada in diversa battuta (a) La parola *uno*, addatasi anche per distinguere gli ottavi frammisti a note. Il tempo si segna colla mano.

(a) Quando vien detto intorno alle pause od aspetti non è da porsi in pratica che infino a tantoche l'allievo ne sarà in possesso della cognizione e in seguito si addoterà il silenzio per tutto il tempo di durata indicato della figura della pausa stessa.

AVERTISSEMENT.

Pour bien comprendre la lecture de la Première Partie de cette Méthode il est nécessaire que l'élève connaisse les principes élémentaires de Musique principalement les Leçons qui concernent la valeur des notes, des silences, les tems ordinaires, l'effet du point et de la Syncope; pour la Deuxième Partie il doit posséder la connaissance de tous les Mouvements, de tous les Tons, et des Gruppetti, des notes surabondantes en valeur; il n'aura pour la Troisième Partie que ce qui regarde l'instruction nécessaire pour la *Legatura* ou *Notes liées* et les Notes d'agrément.

La division de la mesure consiste à prononcer le nom de chaque note de la même manière que si on lisait des mots avec la différence que le son doit être tenu pendant toute la durée de la mesure indiquée pour la valeur de chaque note, et si cette valeur dépassait le quart de la mesure on répétera la voyelle en la tenant liée autant de fois que de quarts de durée.

Afin de faciliter la prononciation dans les Gruppetti de 2, 3, 4, ou plusieurs notes on prononcera les différents noms de chaque note en les tenant liées de la même manière que si cela formait un mot de plusieurs syllabes et de donner une accentuation majeure aux notes qui forment le temps fort.

Lorsqu'il y aura un silence de la valeur d'un quart de tems on dira le mot *un* au second silence le mot *deux* ainsi de suite pour les autres quarts de valeur en ayant soin toujours de recommencer par le mot *un* toutes les fois qu'une note se trouverait placée entre deux silences (a) on indique la manière de diviser la mesure en frappant avec la main.

(a) N.ta Ce qu'on a dit sur le rapport des Silences ne se pratiquera qu'autant que l'élève aura une connaissance parfaite de la division de la mesure, alors on adoptera le silence indiqué pour sa valeur.

ESEMPJ DI ESECUZIONE .

I numeri 1, 2, 3, 4 indicano i quarti che costituiscono la battuta e la sillaba Do - o - o - o, indica di allungare la pronunciazione segnando leggermente ciascun quarto. Le parole *Uno due tre quattro* servono ad accennare i quarti d'aspetto.

EXEMPLE D'EXECUTION.

Les Numeros 1, 2, 3, 4 indiquent les quatre quarts de tems qui forment la mesure, et la Syllabe Do - o - o - o la prolongation de la prononciation en accentuant légèrement chaque quart, Les mots *un deux trois quatre* servent à indiquer les Silences.

Per le figure del valore di quattro quarti sien note che aspetti.

La note ci dessous qu'on appelle Ronde a la valeur de quatre quarts de mesure.

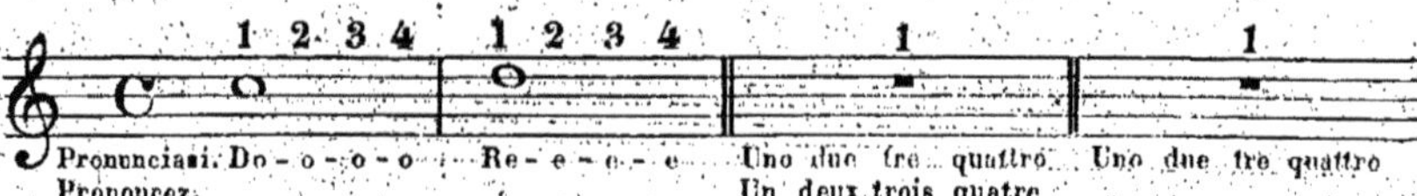

Per le figure del valore di due quarti.

Cette figure qu'on appelle Blanche vaut deux quarts de mesure.

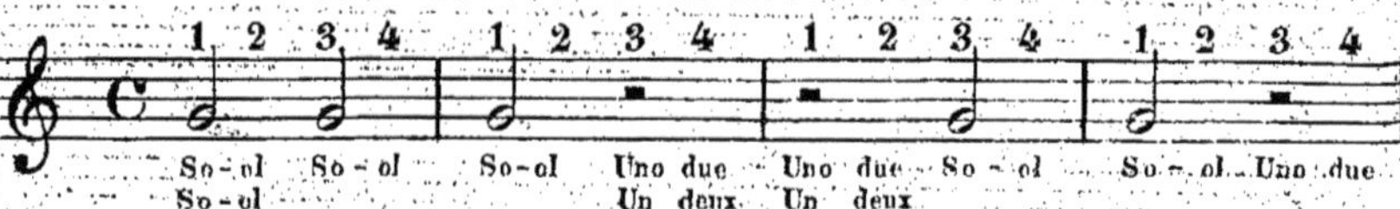

Per le figure del valore di un quarto.

La figure suivante qu'on appelle Noire vaut un quart de mesure.

Per le note o pause col punto, e per le pause di un ottavo.

Figure de la note ou pause avec le point équivalant a trois quarts de mesure et un 8.me

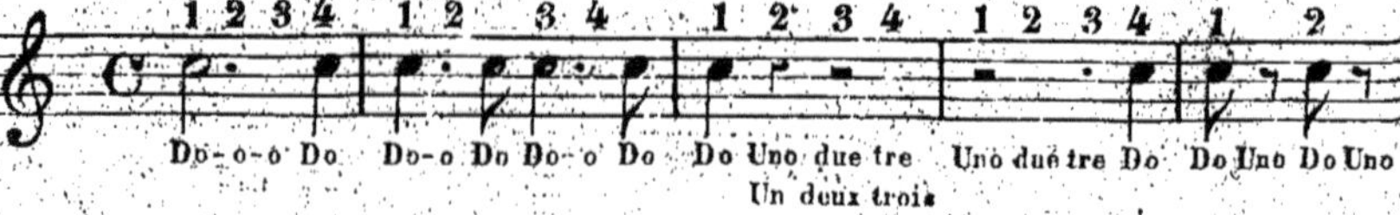

Méthode complète

pour la Division

des Notes et de la Mesure

PRINCIPES DE MUSIQUE

expressément composés

pour l'usage des Élèves du Conservatoire I.etR.

de Milan

PAR

P. BONA

Professeur au Conservatoire I. et R. de Milan.

Prix

R. F.
BIBLIOTHÈQUE NATIONALE
IMPRIMÉS

Paris, S. RICHAULT, Éditeur, Boulevard Poissonnière, 26, au 1er.
Milan et Turin, Gio. Canti. — Vienne, Haslinger. — Londres C. Jefferys.
Lugano, L. Spe Svizzero.

H. 1535. R.

[Vm⁸ 79

Per le note aggruppate.
Pour les groupes de differentes valeurs.

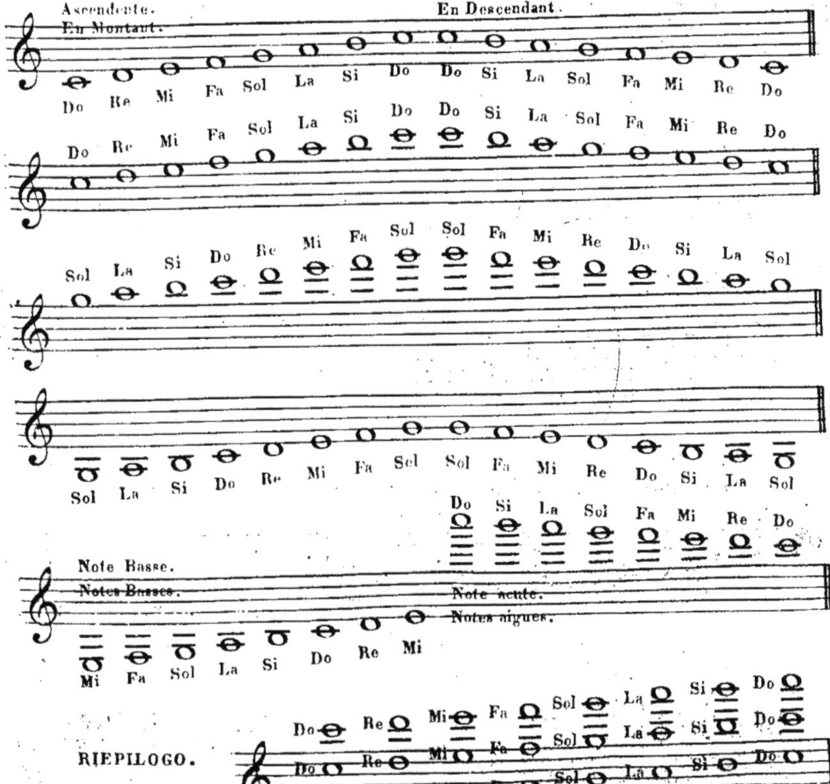

L'Allievo quando sia in possesso del nome delle note che compongono le prime due Scale protrà passare alla lettura della Prima Parte.

Lorsque l'élève connaitra le nom des notes des deux premières Gammes il pourra passer à la lecture de la première Partie.

CHIAVE DI BASSO.

CLEF DE FA OU BASSE.

CHIAVE DI TENORE.

CLEF D'UT 4ᵉ LIGNE OU DE TENOR.

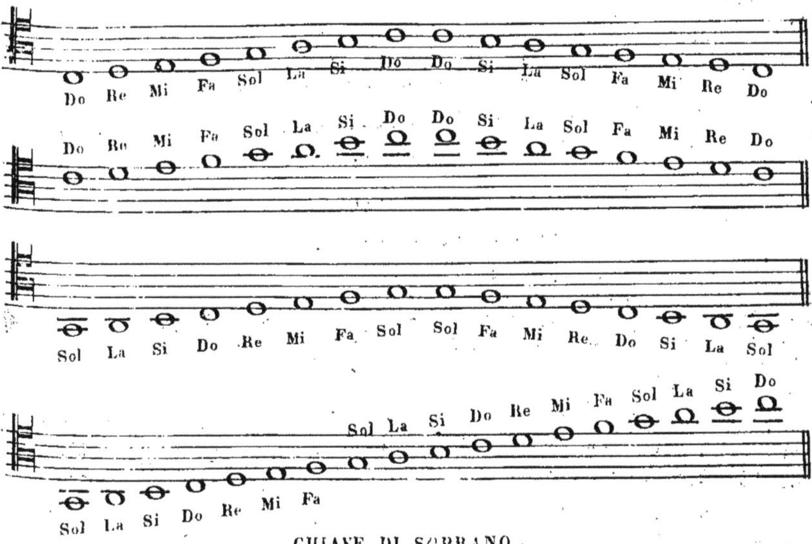

CHIAVE DI SOPRANO.

CLEF D'UT 1ʳᵉ LIGNE OU DE SOPRANO.

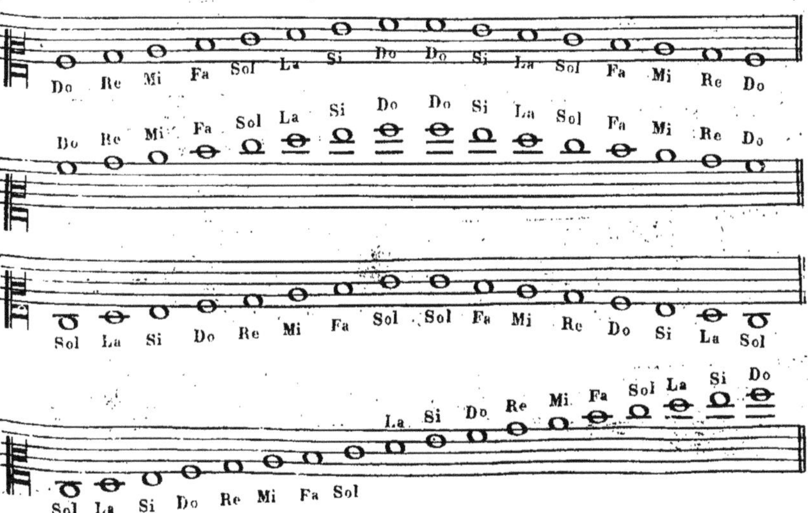

PARTE PRIMA.
PREMIÈRE PARTIE.

Scala di Semibrevi.
Gamme composée de Rondes.

Salti di Terza.
Exercices de Tierces.
N.°6.
Idem.
N.°7.
Idem.
N.°8.
Salti di Quarta.
Exercices de Quartes.
N.°9.

Idem.
N.º 10.
Idem.
N.º 11.
Salti di Quinta.
Exercices de Tierces.
N.º 12.
Idem.
N.º 13.
Idem.
N.º 14.
R.

Salti di Sesta.
Exercices de Sixtes.
Nº.15.
Idem.
Nº.16.
Idem.
Nº.17.
Salti di Settima.
Exercices de Septième.
Nº.18.
Idem.
Nº.19.
Idem.
Nº.20.

Salti d'Ottava.

Exercices d'Octaves.

R.

Salti di Decima.
Exercices de Dixièmes.
N.º 30.
Idem.
N.º 31.
Idem.
N.º 32.
Salti Misti.
Exercices Mêlés.
N.º 33.
Idem.
N.º 34.
Idem.
N.º 35.
Idem.
N.º 36.
Scala con diverse figure.
Exercices de Gammes de differentes Valeurs.
N.º 37.

Piccoli Solfeggi o Esempj di figure framiste da pause.

Petits Solféges où Exemples de figures mêlées de Silences.

No. 42.
No. 43.
No. 44.
No. 45.

N⁰. 46.
N⁰. 47.
N⁰. 48.

R.F.

Del punto simplice.
Du point Simple.

N.º 53.

Idem.

N.º 54.

Idem.

N.º 55.

Idem.

N.º 56.

Del punto doppio.
Du point Double.

N.º 57.

N.º 58.

La legatura che trovasi sopra due note dello stesso nome e posizione fa tace-
re il nome della seconda conservando il valore.

Quand une liaison se trouve sur deux notes du même nom et de la même po-
sition, il ne faut pas prononcer la seconde tout en gardant la valeur.

Esempio pel punto semplice, doppio, e legatura.
Exemple du point simple, double, et de la Liaison.

2° È necessario che il Maestro facci conoscere all'allievo i casi cui il punto, la legatura e la Sincope producono l'istesso effetto.

Il est nécessaire que le professeur fasse connaître à l'élève le cas où le point, la liaison et la Sincope produisent le même effet.

Scale di Biscrome.
Gammes de Triples Croches.

Esempj di tutti i salti esposti con Semicrome allo scopo di sciogliere la lingua prima che si vadi ai Solfeggi della Parte 2ª

Exemple de tous les Exercices précédents écrits en doubles croches dans le but de délier la prononciation des élèves avant de passer à la 2.ᵉ Partie.

N.º 67.
N.º 68.
N.º 69.
N.º 70.
Salti misti.
Exercices mêlés.
N.º 71.
FINE DELLA PARTE 1.ª
FIN DE LA 1.re PARTIE.

PARTE SECONDA.
SECONDE PARTIE.

Sedici Solfeggi progressivi in tutti i tempi .

Seize Solfèges progressifs dans tous les mouvements.

Maestoso.

N°.2.

N°.3.

Andante.

Allegro Moderato.
Nº 4.

Andántino.

№ 5.

Larghetto.

№ 6.

Sostenuto.
№ 7.

Moderato assai.

N.8.

Adagio.

N.9.

Allegretto.
№. 10.

All.º Moderato assai.
Nº.11.
And.te mosso.
Nº.12.

Larghetto.
No.13.

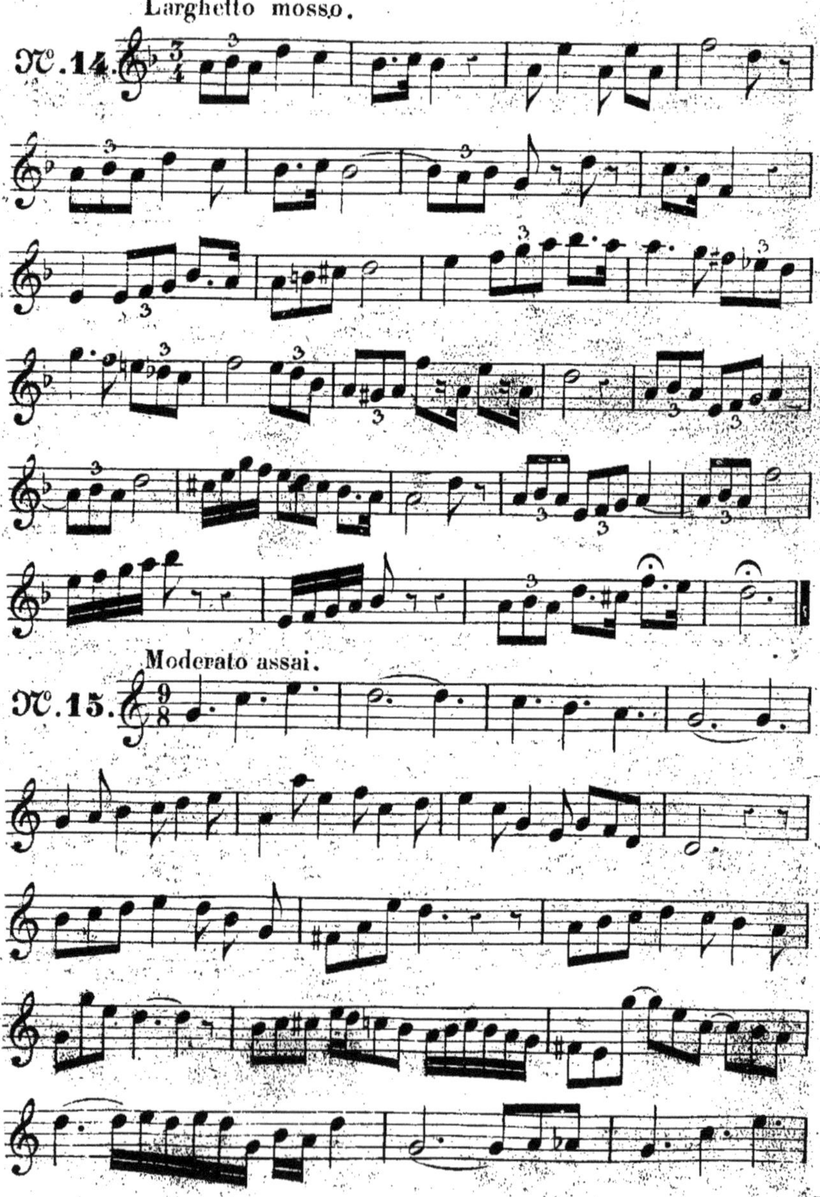

Larghetto mosso.

№.14.

Moderato assai.

№.15.

Allᵗᵗᵒ Moderato
Nᵒ.16.
FINE DELLA PARTE IIᵃ
FIN DE LA IIᵉ PARTIE.

PARTE TERZA.
TROISIÈME PARTIE.

Questa parte contiene pressoche tutte le combinazioni delle divisione in tutti gli otto tempi, segni di richiamo, e le abbreviature più usitate.

Cette partie contient presque toutes les combinaisons de la division des temps, les Signes de Renvois, les abreviations les plus usitées.

And.te mosso.
N.º 2.

rall.
in Tempo
Allegro giusto.
N.o 3.

Larghetto.

N.4.

Maestoso.

Allegretto.
N.º 6.

44
Allegro Maestoso.
Nº.7.

Andante Sostenuto.
N.8.
9/8

48
Allegro...
N.º 9.

49
Adagio.
Nᵒ.10.

Moderato.
Nº 11.

Allegro vivace.
No.12.
R.

Allegro con brio.

N°.13.

Andantino grazioso.
No. 14.
tr
R.

Allegretto.

N°. 15

dimin.

Moderato assai.

№.16.

Con espressione.
N°. 17.
cres.

64
Sostenuto.
No. 18.
12/8

Per conoscere le abbreviature e segni di richiamo.

Exercices pour connaitre les abréviations, et Signes de Renvois.

Allegro mosso.

N.º 19.

N.   Nella Musica stampata tanto queste che quelle che seguono si riscontrano di rado, ciò che non può dirsi per quella manoscritta percui si rende necessario la cognizione e la pratica esecuzione.

N.   Dans la Musique imprimée on rencontre rarement les Signes ci dessus indiqués mais on en fait fréquemment usage dans les manuscrits c'est ce qui ma décidé à en donner l'explication.

Solfeggio per sciogliere la lingua.

Solfège pour délier la langue.

Allegro spiritoso.

Per la cognizione di altri segni ed abbreviature.

Exercice pour connaitre les autres Signes et abréviations.

Più mosso.

In quest'ultimo Solfeggio sono riuniti tutti i tempi onde abituare l'Allievo al cambiamento istantaneo.

Dans ce dernier Solfège se trouvent réunis tous les mouvemens pour habi--tuer l'élève aux changemens instantanés.

Andantino.
Vivace.

74
Sostenuto.
Più mosso.
Allegro molto.
FIN de la IIIe PARTIE et dernière.
FINE DELLA IIIa PARTE ed ultima. R

www.ingramcontent.com/pod-product-compliance
Ingram Content Group UK Ltd.
Pitfield, Milton Keynes, MK11 3LW, UK
UKHW020028100726
13658UKWH00003B/1170